# Mein Kindermund
## WORTSCHATZSAMMLER

*Nora Milles*

ISBN Taschenbuch: 978-3-98567-167-0
ISBN Gebundenes Buch: 978-3-98567-168-7

# Mein Name:

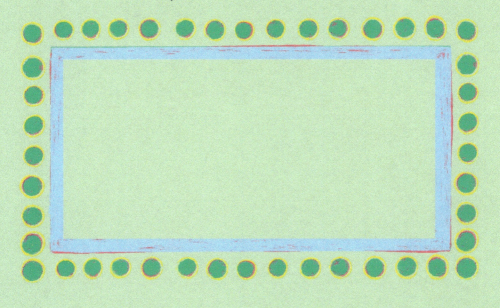

Mein allererstes Wort:

Alter:

Platz für Fotos

# Meine ersten Wörter:

| Datum: | Mein Wort: | Bedeutung: |
|--------|------------|------------|
|        |            |            |
|        |            |            |
|        |            |            |
|        |            |            |
|        |            |            |
|        |            |            |
|        |            |            |
|        |            |            |
|        |            |            |
|        |            |            |
|        |            |            |

# Meine ersten Wörter:

| Datum: | Mein Wort: | Bedeutung: |
|---|---|---|
| | | |
| | | |
| | | |
| | | |
| | | |
| | | |
| | | |
| | | |
| | | |
| | | |

# Platz für Fotos

# Deine persönlichen Namen für Freunde und Familie:

NENNST DU: _____

NENNST DU: _____

NENNST DU: _____

NENNST DU: _____

NENNST DU: _____

NENNST DU: _____

NENNST DU: _____

NENNST DU: _____

NENNST DU: _____

NENNST DU: _____

# Meine witzigsten Versprecher:

| Alter: | Mein Wort: | Für: |
|---|---|---|
|  |  |  |
|  |  |  |
|  |  |  |
|  |  |  |
|  |  |  |
|  |  |  |
|  |  |  |
|  |  |  |
|  |  |  |
|  |  |  |

Alter:   Mein Wort:   Für:

# Anekdoten, besondere Erlebnisse und Sachen zum Schmunzeln:

# Zitate, Sprüche und Wortkreationen :

Wann habe ich das gesagt? _____

In welcher Situation habe ich das gesagt? _____

_____

_____

Wann habe ich das gesagt? _____

In welcher Situation habe ich das gesagt?

_____

_____

Anekdoten, besondere Erlebnisse und Sachen zum Schmunzeln:

# Zitate, Sprüche und Wortkreationen :

Wann habe ich das gesagt? _____

In welcher Situation habe ich das gesagt? _____

_____

_____

Wann habe ich das gesagt? _____

In welcher Situation habe ich das gesagt?

_____

_____

Platz für Fotos

# Zitate, Sprüche und Wortkreationen :

Wann habe ich das gesagt? _____

In welcher Situation habe ich das gesagt? _____

_____

_____

Wann habe ich das gesagt? _____

In welcher Situation habe ich das gesagt?

_____

_____

Anekdoten, besondere Erlebnisse und Sachen zum Schmunzeln :

# Zitate, Sprüche und Wortkreationen:

Wann habe ich das gesagt? _____

In welcher Situation habe ich das gesagt? _____

_____

_____

Wann habe ich das gesagt? _____

In welcher Situation habe ich das gesagt?

_____

_____

Anekdoten, besondere Erlebnisse und Sachen zum Schmunzeln:

# Zitate, Sprüche und Wortkreationen:

Wann habe ich das gesagt? _____

In welcher Situation habe ich das gesagt? _____

_____

_____

Wann habe ich das gesagt? _____

In welcher Situation habe ich das gesagt?

_____

_____

Platz für Fotos

# Zitate, Sprüche und Wortkreationen :

Wann habe ich das gesagt? _____

In welcher Situation habe ich das gesagt? _____

_____

_____

Wann habe ich das gesagt? _____

In welcher Situation habe ich das gesagt? _____

_____

_____

Anekdoten, besondere Erlebnisse und Sachen zum Schmunzeln :

# Zitate, Sprüche und Wortkreationen:

Wann habe ich das gesagt? _____

In welcher Situation habe ich das gesagt? _____

_____

_____

Wann habe ich das gesagt? _____

In welcher Situation habe ich das gesagt?

_____

_____

Anekdoten, besondere Erlebnisse und Sachen zum Schmunzeln:

# Zitate, Sprüche und Wortkreationen:

Wann habe ich das gesagt? _____

In welcher Situation habe ich das gesagt? _____

_____

_____

Wann habe ich das gesagt? _____

In welcher Situation habe ich das gesagt?

_____

_____

## Platz für Fotos

# Zitate, Sprüche und Wortkreationen:

Wann habe ich das gesagt? _____

In welcher Situation habe ich das gesagt? _____

_____

Wann habe ich das gesagt? _____

In welcher Situation habe ich das gesagt? _____

_____

Anekdoten, besondere Erlebnisse und Sachen zum Schmunzeln :

# Zitate, Sprüche und Wortkreationen:

Wann habe ich das gesagt? _____

In welcher Situation habe ich das gesagt? _____

_____

_____

Wann habe ich das gesagt? _____

In welcher Situation habe ich das gesagt?

_____

_____

Anekdoten, besondere Erlebnisse und Sachen zum Schmunzeln:

# Zitate, Sprüche und Wortkreationen:

Wann habe ich das gesagt? _____

In welcher Situation habe ich das gesagt? _____

_____

Wann habe ich das gesagt? _____

In welcher Situation habe ich das gesagt? _____

_____

## Platz für Fotos

# Zitate, Sprüche und Wortkreationen:

Wann habe ich das gesagt? _____

In welcher Situation habe ich das gesagt? _____

_____

_____

Wann habe ich das gesagt? _____

In welcher Situation habe ich das gesagt?

_____

_____

Anekdoten, besondere Erlebnisse und Sachen zum Schmunzeln:

# Zitate, Sprüche und Wortkreationen:

Wann habe ich das gesagt? _____

In welcher Situation habe ich das gesagt? _____

_____

_____

Wann habe ich das gesagt? _____

In welcher Situation habe ich das gesagt? _____

_____

_____

Anekdoten, besondere Erlebnisse und Sachen zum Schmunzeln:

# Zitate, Sprüche und Wortkreationen:

Wann habe ich das gesagt? _____

In welcher Situation habe ich das gesagt? _____

_____

_____

Wann habe ich das gesagt? _____

In welcher Situation habe ich das gesagt? _____

_____

_____

Platz für Fotos

# Zitate, Sprüche und Wortkreationen:

Wann habe ich das gesagt? _____

In welcher Situation habe ich das gesagt? _____

_____

_____

Wann habe ich das gesagt? _____

In welcher Situation habe ich das gesagt? _____

_____

_____

Anekdoten, besondere Erlebnisse und Sachen zum Schmunzeln :

# Zitate, Sprüche und Wortkreationen:

Wann habe ich das gesagt? _____

In welcher Situation habe ich das gesagt? _____

_____

_____

Wann habe ich das gesagt? _____

In welcher Situation habe ich das gesagt? _____

_____

_____

Anekdoten, besondere Erlebnisse und Sachen zum Schmunzeln :

# Zitate, Sprüche und Wortkreationen:

Wann habe ich das gesagt? _____

In welcher Situation habe ich das gesagt? _____

_____

_____

Wann habe ich das gesagt? _____

In welcher Situation habe ich das gesagt? _____

_____

_____

Platz für Fotos

# Zitate, Sprüche und Wortkreationen:

Wann habe ich das gesagt? _____

In welcher Situation habe ich das gesagt? _____

_____

_____

Wann habe ich das gesagt? _____

In welcher Situation habe ich das gesagt? _____

_____

_____

Anekdoten, besondere Erlebnisse und Sachen zum Schmunzeln:

# Zitate, Sprüche und Wortkreationen:

Wann habe ich das gesagt? _____

In welcher Situation habe ich das gesagt? _____

_____

_____

Wann habe ich das gesagt? _____

In welcher Situation habe ich das gesagt? _____

_____

_____

Anekdoten, besondere Erlebnisse und Sachen zum Schmunzeln :

# Zitate, Sprüche und Wortkreationen:

Wann habe ich das gesagt? _____

In welcher Situation habe ich das gesagt? _____

_____

_____

Wann habe ich das gesagt? _____

In welcher Situation habe ich das gesagt?

_____

_____

Platz für Fotos

# Zitate, Sprüche und Wortkreationen:

Wann habe ich das gesagt? _____

In welcher Situation habe ich das gesagt? _____

_____

Wann habe ich das gesagt? _____

In welcher Situation habe ich das gesagt? _____

_____

Anekdoten, besondere Erlebnisse und Sachen zum Schmunzeln :

# Zitate, Sprüche und Wortkreationen:

Wann habe ich das gesagt? _____

In welcher Situation habe ich das gesagt? _____

_____

_____

Wann habe ich das gesagt? _____

In welcher Situation habe ich das gesagt?

_____

_____

## Anekdoten, besondere Erlebnisse und Sachen zum Schmunzeln:

# Zitate, Sprüche und Wortkreationen:

Wann habe ich das gesagt? _____

In welcher Situation habe ich das gesagt? _____

_____

Wann habe ich das gesagt? _____

In welcher Situation habe ich das gesagt? _____

_____

Platz für Fotos

# Zitate, Sprüche und Wortkreationen:

Wann habe ich das gesagt? _____

In welcher Situation habe ich das gesagt? _____

_____

_____

Wann habe ich das gesagt? _____

In welcher Situation habe ich das gesagt? _____

_____

_____

Anekdoten, besondere Erlebnisse und Sachen zum Schmunzeln:

# Zitate, Sprüche und Wortkreationen:

Wann habe ich das gesagt? _____

In welcher Situation habe ich das gesagt? _____

_____

Wann habe ich das gesagt? _____

In welcher Situation habe ich das gesagt? _____

_____

Anekdoten, besondere Erlebnisse und Sachen zum Schmunzeln:

# Zitate, Sprüche und Wortkreationen:

Wann habe ich das gesagt? _____

In welcher Situation habe ich das gesagt? _____

_____

_____

Wann habe ich das gesagt? _____

In welcher Situation habe ich das gesagt? _____

_____

_____

Platz für Fotos

# Zitate, Sprüche und Wortkreationen :

Wann habe ich das gesagt? _____

In welcher Situation habe ich das gesagt? _____

_____

_____

Wann habe ich das gesagt? _____

In welcher Situation habe ich das gesagt?

_____

_____

Anekdoten, besondere Erlebnisse und Sachen zum Schmunzeln:

# Zitate, Sprüche und Wortkreationen:

Wann habe ich das gesagt? _____

In welcher Situation habe ich das gesagt? _____

_____

_____

Wann habe ich das gesagt? _____

In welcher Situation habe ich das gesagt?

_____

_____

Anekdoten, besondere Erlebnisse und Sachen zum Schmunzeln :

# Zitate, Sprüche und Wortkreationen:

Wann habe ich das gesagt? _____

In welcher Situation habe ich das gesagt? _____

_____

_____

Wann habe ich das gesagt? _____

In welcher Situation habe ich das gesagt? _____

_____

_____

# Platz für Fotos

# Zitate, Sprüche und Wortkreationen:

Wann habe ich das gesagt? _____

In welcher Situation habe ich das gesagt? _____

_____

_____

Wann habe ich das gesagt? _____

In welcher Situation habe ich das gesagt? _____

_____

_____

*Anekdoten, besondere Erlebnisse und Sachen zum Schmunzeln :*

# Zitate, Sprüche und Wortkreationen:

Wann habe ich das gesagt?

In welcher Situation habe ich das gesagt?

Wann habe ich das gesagt?

In welcher Situation habe ich das gesagt?

Anekdoten, besondere Erlebnisse und Sachen zum Schmunzeln:

# Zitate, Sprüche und Wortkreationen:

Wann habe ich das gesagt? _____

In welcher Situation habe ich das gesagt? _____

_____

Wann habe ich das gesagt? _____

In welcher Situation habe ich das gesagt? _____

_____

## Rechtliches und Impressum:

Das Werk einschließlich aller seiner Teile ist urheberrechtlich geschützt. Jede Verwertung ist ohne schriftliche Zustimmung des Autors unzulässig. Darunter fallen auch alle Formen der elektronischen Verarbeitung. Die Wiedergabe von Gebrauchsnamen, Handelsnamen, Warenbezeichnungen usw. in diesem Werk berechtigt auch ohne besondere Kennzeichnung nicht zu der Annahme, dass solche Namen im Sinne der Warenzeichen- und Markenschutzgesetzgebung als frei zu betrachten wären und daher von jedermann benutzt werden dürfen.

© Nora Milles 1. Auflage 2022
Kontakt: Piok & Dobslaw GbR, Alte Str. 3, 56072 Koblenz
Gesellschafter: Anna Piok & Tatjana Dobslaw
Email: OnlyBooks@gmx.de
Covergestaltung/Buchsatz/Layout: Tatjana Dobslaw
Marketing: Anna Piok
Fotos/Vektoren/Illustrationen im Buch: Lizenzen gekauft bei Depositphotos.com & Canva.com
Druck bei: Amazon Media EU S.á r.l., 5 Rue Plaetis, L- 2338, Luxembourg

ISBN Taschenbuch: 978-3-98567-167-0
ISBN Gebundenes Buch: 978-3-98567-168-7

Alle Rechte vorbehalten. Nachdruck, auch auszugsweise, verboten. Kein Teil dieses Werkes darf ohne schriftliche Genehmigung des Autors in irgendeiner Form reproduziert, vervielfältigt oder verbreitet werden. Der Autor übernimmt keinerlei Gewähr für die Aktualität, Korrektheit, Vollständigkeit oder Qualität der bereitgestellten Informationen und weiteren Informationen. Haftungsansprüche gegen den Autor, welche sich auf Schäden materieller oder ideeller Art beziehen, die durch die Nutzung oder Nichtnutzung der dargebotenen Informationen bzw. durch die Nutzung fehlerhafter und unvollständiger Informationen verursacht wurden, sind grundsätzlich ausgeschlossen, sofern seitens des Autors kein nachweislich vorsätzliches oder grob fahrlässiges Verschulden vorliegt.

Printed in Poland
by Amazon Fulfillment
Poland Sp. z o.o., Wrocław